TRANZLATY

La Langue est pour tout le Monde

Sproget er for alle

La Belle et la Bête

Skønheden og Udyret

Gabrielle-Suzanne Barbot de Villeneuve

Français / Dansk

Copyright © 2025 Tranzlaty
All rights reserved
Published by Tranzlaty
ISBN: 978-1-80572-041-6
Original text by Gabrielle-Suzanne Barbot de Villeneuve
La Belle et la Bête
First published in French in 1740
Taken from The Blue Fairy Book (Andrew Lang)
Illustration by Walter Crane
www.tranzlaty.com

Il était une fois un riche marchand
Der var engang en rig købmand
ce riche marchand avait six enfants
denne rige købmand havde seks børn
il avait trois fils et trois filles
han havde tre sønner og tre døtre
il n'a épargné aucun coût pour leur éducation
han sparede ingen omkostninger for deres uddannelse
parce qu'il était un homme sensé
fordi han var en mand med forstand
mais il a donné à ses enfants de nombreux serviteurs
men han gav sine Børn mange Tjenere
ses filles étaient extrêmement jolies
hans døtre var meget smukke
et sa plus jeune fille était particulièrement jolie
og hans yngste datter var særlig smuk
Déjà enfant, sa beauté était admirée
som barn var hendes skønhed allerede beundret
et les gens l'appelaient à cause de sa beauté
og folket kaldte hende for hendes skønhed
sa beauté ne s'est pas estompée avec l'âge
hendes skønhed forsvandt ikke, da hun blev ældre
alors les gens ont continué à l'appeler par sa beauté
så folk blev ved med at kalde hende for hendes skønhed
cela a rendu ses sœurs très jalouses
det gjorde hendes søstre meget jaloux
les deux filles aînées avaient beaucoup de fierté
de to ældste døtre havde en stor stolthed
leur richesse était la source de leur fierté
deres rigdom var kilden til deres stolthed
et ils n'ont pas caché leur fierté non plus
og de lagde heller ikke skjul på deres stolthed
ils n'ont pas rendu visite aux filles d'autres marchands
de besøgte ikke andre købmandsdøtre
parce qu'ils ne rencontrent que l'aristocratie
fordi de kun mødes med aristokrati

ils sortaient tous les jours pour faire la fête
de gik ud hver dag til fester
bals, pièces de théâtre, concerts, etc.
baller, skuespil, koncerter og så videre
et ils se moquèrent de leur plus jeune sœur
og de lo af deres yngste søster
parce qu'elle passait la plupart de son temps à lire
fordi hun brugte det meste af sin tid på at læse
il était bien connu qu'ils étaient riches
det var velkendt, at de var velhavende
alors plusieurs marchands éminents ont demandé leur main
så adskillige fremtrædende købmænd bad om deres hånd
mais ils ont dit qu'ils n'allaient pas se marier
men de sagde, at de ikke ville giftes
mais ils étaient prêts à faire quelques exceptions
men de var parate til at gøre nogle undtagelser
« Peut-être que je pourrais épouser un duc »
"måske kunne jeg gifte mig med en hertug"
« Je suppose que je pourrais épouser un comte »
"Jeg tror, jeg kunne gifte mig med en jarl"
Belle a remercié très civilement ceux qui lui ont proposé
skønhed takkede meget borgerligt dem, der friede til hende
elle leur a dit qu'elle était encore trop jeune pour se marier
hun fortalte dem, at hun stadig var for ung til at gifte sig
elle voulait rester quelques années de plus avec son père
hun ville blive et par år mere hos sin far
Tout d'un coup, le marchand a perdu sa fortune
Med det samme mistede købmanden sin formue
il a tout perdu sauf une petite maison de campagne
han mistede alt bortset fra et lille landsted
et il dit à ses enfants, les larmes aux yeux :
og han sagde til sine børn med tårer i øjnene:
« il faut aller à la campagne »
"vi skal på landet"
« et nous devons travailler pour gagner notre vie »
"og vi skal arbejde for vores levebrød"

les deux filles aînées ne voulaient pas quitter la ville
de to ældste døtre ville ikke forlade byen
ils avaient plusieurs amants dans la ville
de havde flere elskere i byen
et ils étaient sûrs que l'un de leurs amants les épouserait
og de var sikre på, at en af deres elskere ville gifte sig med dem
ils pensaient que leurs amants les épouseraient même sans fortune
de troede, at deres elskere ville gifte sig med dem selv uden formue
mais les bonnes dames se sont trompées
men de gode damer tog fejl
leurs amants les ont abandonnés très vite
deres elskere forlod dem meget hurtigt
parce qu'ils n'avaient plus de fortune
fordi de ikke havde nogen formuer mere
cela a montré qu'ils n'étaient pas vraiment appréciés
dette viste, at de faktisk ikke var vellidte
tout le monde a dit qu'ils ne méritaient pas d'être plaints
alle sagde, at de ikke fortjener at blive medliden
« Nous sommes heureux de voir leur fierté humiliée »
"vi er glade for at se deres stolthed ydmyget"
« Qu'ils soient fiers de traire les vaches »
"lad dem være stolte af at malke køer"
mais ils étaient préoccupés par Belle
men de var bekymrede for skønhed
elle était une créature si douce
hun var sådan et sødt væsen
elle parlait si gentiment aux pauvres
hun talte så venligt til fattige mennesker
et elle était d'une nature si innocente
og hun var af sådan en uskyldig natur
Plusieurs messieurs l'auraient épousée
Flere herrer ville have giftet sig med hende
ils l'auraient épousée même si elle était pauvre

de ville have giftet sig med hende, selvom hun var fattig
mais elle leur a dit qu'elle ne pouvait pas les épouser
men hun fortalte dem, at hun ikke kunne gifte sig med dem
parce qu'elle ne voulait pas quitter son père
fordi hun ikke ville forlade sin far
elle était déterminée à l'accompagner à la campagne
hun var fast besluttet på at tage med ham på landet
afin qu'elle puisse le réconforter et l'aider
så hun kunne trøste og hjælpe ham
pauvre Belle était très affligée au début
Den stakkels skønhed var meget bedrøvet i begyndelsen
elle était attristée par la perte de sa fortune
hun var bedrøvet over tabet af sin formue
"Mais pleurer ne changera pas mon destin"
"men at græde vil ikke ændre min formue"
« Je dois essayer de me rendre heureux sans richesse »
"Jeg må prøve at gøre mig selv lykkelig uden rigdom"
ils sont venus dans leur maison de campagne
de kom til deres landsted
et le marchand et ses trois fils s'appliquèrent à l'agriculture
og købmanden og hans tre sønner gav sig til at dyrke landbrug
Belle s'est levée à quatre heures du matin
skønhed steg klokken fire om morgenen
et elle s'est dépêchée de nettoyer la maison
og hun skyndte sig at gøre huset rent
et elle s'est assurée que le dîner était prêt
og hun sørgede for, at aftensmaden var klar
au début, elle a trouvé sa nouvelle vie très difficile
i begyndelsen fandt hun sit nye liv meget svært
parce qu'elle n'était pas habituée à un tel travail
fordi hun ikke havde været vant til et sådant arbejde
mais en moins de deux mois elle est devenue plus forte
men på mindre end to måneder blev hun stærkere
et elle était en meilleure santé que jamais auparavant
og hun var sundere end nogensinde før

après avoir fait son travail, elle a lu
efter at hun havde gjort sit arbejde læste hun
elle jouait du clavecin
hun spillede på cembalo
ou elle chantait en filant de la soie
eller hun sang, mens hun spinde silke
au contraire, ses deux sœurs ne savaient pas comment passer leur temps
tværtimod vidste hendes to søstre ikke, hvordan de skulle bruge deres tid
ils se sont levés à dix heures et n'ont rien fait d'autre que paresser toute la journée
de stod op klokken ti og lavede ikke andet end at dase hele dagen
ils ont déploré la perte de leurs beaux vêtements
de beklagede tabet af deres fine klæder
et ils se sont plaints d'avoir perdu leurs connaissances
og de klagede over at miste deres bekendte
« Regardez notre plus jeune sœur », se dirent-ils.
"Se på vores yngste søster," sagde de til hinanden
"Quelle pauvre et stupide créature elle est"
"sikke et fattigt og dumt væsen hun er"
"C'est mesquin de se contenter de si peu"
"det er ondt at være tilfreds med så lidt"
le gentil marchand était d'un avis tout à fait différent
den venlige købmand var af en helt anden mening
il savait très bien que Belle éclipsait ses sœurs
han vidste godt, at skønheden overstrålede hendes søstre
elle les a surpassés en caractère ainsi qu'en esprit
hun overstrålede dem i karakter såvel som sind
il admirait son humilité et son travail acharné
han beundrede hendes ydmyghed og hendes hårde arbejde
mais il admirait surtout sa patience
men mest af alt beundrede han hendes tålmodighed
ses sœurs lui ont laissé tout le travail à faire
hendes søstre efterlod hende alt arbejdet at udføre

et ils l'insultaient à chaque instant
og de fornærmede hende hvert øjeblik
La famille vivait ainsi depuis environ un an.
Familien havde levet sådan i omkring et år
puis le commerçant a reçu une lettre d'un comptable
så fik købmanden et brev fra en bogholder
il avait un investissement dans un navire
han havde en investering i et skib
et le navire était arrivé sain et sauf
og skibet var kommet sikkert frem
Cette nouvelle a fait tourner les têtes des deux filles aînées
t hans nyhed vendte hovedet på de to ældste døtre
ils ont immédiatement eu l'espoir de revenir en ville
de havde straks håb om at vende tilbage til byen
parce qu'ils étaient assez fatigués de la vie à la campagne
fordi de var ret trætte af livet på landet
ils sont allés vers leur père alors qu'il partait
de gik til deres far, da han var på vej
ils l'ont supplié de leur acheter de nouveaux vêtements
de bad ham købe nyt tøj til dem
des robes, des rubans et toutes sortes de petites choses
kjoler, bånd og alle mulige småting
mais Belle n'a rien demandé
men skønheden bad om intet
parce qu'elle pensait que l'argent ne serait pas suffisant
fordi hun troede, at pengene ikke ville række
il n'y aurait pas assez pour acheter tout ce que ses sœurs voulaient
der ville ikke være nok til at købe alt, hvad hendes søstre ville have
"Que veux-tu, ma belle ?" demanda son père
"Hvad vil du have, skønhed?" spurgte hendes far
« Merci, père, pour la bonté de penser à moi », dit-elle
"tak, far, for godheden at tænke på mig," sagde hun
« Père, ayez la gentillesse de m'apporter une rose »
"far, vær så venlig at bringe mig en rose"

"parce qu'aucune rose ne pousse ici dans le jardin"
"for der vokser ingen roser her i haven"
"et les roses sont une sorte de rareté"
"og roser er en slags sjældenhed"
Belle ne se souciait pas vraiment des roses
skønhed brød sig ikke rigtig om roser
elle a juste demandé quelque chose pour ne pas condamner ses sœurs
hun bad kun om noget for ikke at fordømme sine søstre
mais ses sœurs pensaient qu'elle avait demandé des roses pour d'autres raisons
men hendes søstre mente, at hun bad om roser af andre grunde
"Elle l'a fait juste pour avoir l'air particulière"
"hun gjorde det bare for at se bestemt ud"
L'homme gentil est parti en voyage
Den venlige mand gik på sin rejse
mais quand il est arrivé, ils se sont disputés à propos de la marchandise
men da han kom, skændtes de om varen
et après beaucoup d'ennuis, il est revenu aussi pauvre qu'avant
og efter megen besvær kom han tilbage så fattig som før
il était à quelques heures de sa propre maison
han var inden for et par timer fra sit eget hus
et il imaginait déjà la joie de revoir ses enfants
og han forestillede sig allerede glæden ved at se sine børn
mais en traversant la forêt, il s'est perdu
men da han gik gennem skoven, gik han vild
il a plu et neigé terriblement
det regnede og sneede frygteligt
le vent était si fort qu'il l'a fait tomber de son cheval
vinden var så stærk, at den kastede ham af hesten
et la nuit arrivait rapidement
og natten kom hurtigt
il a commencé à penser qu'il pourrait mourir de faim

han begyndte at tænke på, at han kunne sulte
et il pensait qu'il pourrait mourir de froid
og han troede, at han kunde fryse ihjel
et il pensait que les loups pourraient le manger
og han troede, at ulve kunne æde ham
les loups qu'il entendait hurler tout autour de lui
ulvene, som han hørte hyle rundt om sig
mais tout à coup il a vu une lumière
men pludselig så han et lys
il a vu la lumière au loin à travers les arbres
han så lyset på afstand gennem træerne
quand il s'est approché, il a vu que la lumière était un palais
da han kom nærmere, så han, at lyset var et palads
le palais était illuminé de haut en bas
paladset var oplyst fra top til bund
le marchand a remercié Dieu pour sa chance
købmanden takkede Gud for hans held
et il se précipita vers le palais
og han skyndte sig til slottet
mais il fut surpris de ne voir personne dans le palais
men han var overrasket over at se ingen mennesker i paladset
la cour était complètement vide
gårdspladsen var helt tom
et il n'y avait aucun signe de vie nulle part
og der var ingen tegn på liv nogen steder
son cheval le suivit dans le palais
hans hest fulgte ham ind i paladset
et puis son cheval a trouvé une grande écurie
og så fandt hans hest stor stald
le pauvre animal était presque affamé
det stakkels dyr var næsten udsultet
alors son cheval est allé chercher du foin et de l'avoine
så hans hest gik ind for at finde hø og havre
Heureusement, il a trouvé beaucoup à manger
heldigvis fandt han rigeligt at spise
et le marchand attacha son cheval à la mangeoire

og købmanden bandt sin hest til krybben
En marchant vers la maison, il n'a vu personne
da han gik hen mod huset, så han ingen
mais dans une grande salle il trouva un bon feu
men i en stor hal fandt han en god ild
et il a trouvé une table dressée pour une personne
og han fandt et bord dækket til en
il était mouillé par la pluie et la neige
han var våd af regn og sne
alors il s'est approché du feu pour se sécher
så han gik hen til ilden for at tørre sig
« J'espère que le maître de maison m'excusera »
"Jeg håber, at husets herre vil undskylde mig"
« Je suppose qu'il ne faudra pas longtemps pour que quelqu'un apparaisse »
"Jeg formoder, at det ikke tager lang tid, før nogen dukker op"
Il a attendu un temps considérable
Han ventede længe
il a attendu jusqu'à ce que onze heures sonnent, et toujours personne n'est venu
han ventede til klokken slog elleve, og der kom stadig ingen
enfin, il avait tellement faim qu'il ne pouvait plus attendre
til sidst var han så sulten, at han ikke kunne vente mere
il a pris du poulet et l'a mangé en deux bouchées
han tog noget kylling og spiste det i to mundfulde
il tremblait en mangeant la nourriture
han rystede, mens han spiste maden
après cela, il a bu quelques verres de vin
herefter drak han et par glas vin
devenant plus courageux, il sortit du hall
da han blev modigere, gik han ud af salen
et il traversa plusieurs grandes salles
og han krydsede flere store sale
il a traversé le palais jusqu'à ce qu'il arrive dans une chambre
han gik gennem paladset, indtil han kom ind i et kammer

une chambre qui contenait un très bon lit
et kammer, som havde en overordentlig god seng i sig
il était très fatigué par son épreuve
han var meget træt af sin prøvelse
et il était déjà minuit passé
og klokken var allerede over midnat
alors il a décidé qu'il était préférable de fermer la porte
så han besluttede, at det var bedst at lukke døren
et il a conclu qu'il devrait aller se coucher
og han konkluderede, at han skulle gå i seng
Il était dix heures du matin lorsque le marchand s'est réveillé
Klokken var ti om morgenen, da købmanden vågnede
au moment où il allait se lever, il vit quelque chose
lige da han skulle rejse sig, så han noget
il a été étonné de voir un ensemble de vêtements propres
han var forbavset over at se et rent sæt tøj
à l'endroit où il avait laissé ses vêtements sales
på det sted, hvor han havde efterladt sit snavsede tøj
"ce palais appartient certainement à une sorte de fée"
"Dette palads tilhører bestemt en slags fe"
" une fée qui m'a vu et qui a eu pitié de moi"
" en fe, der har set og haft ondt af mig"
il a regardé à travers une fenêtre
han kiggede gennem et vindue
mais au lieu de neige, il vit le jardin le plus charmant
men i stedet for sne så han den dejligste have
et dans le jardin il y avait les plus belles roses
og i haven var de smukkeste roser
il est ensuite retourné dans la grande salle
han vendte så tilbage til den store sal
la salle où il avait mangé de la soupe la veille
salen, hvor han havde fået suppe aftenen før
et il a trouvé du chocolat sur une petite table
og han fandt noget chokolade på et lille bord
« Merci, bonne Madame la Fée », dit-il à voix haute.

"Tak, gode Madam Fairy," sagde han højt
"Merci d'être si attentionné"
"tak fordi du er så omsorgsfuld"
« Je vous suis extrêmement reconnaissant pour toutes vos faveurs »
"Jeg er yderst taknemmelig over for dig for alle dine tjenester"
l'homme gentil a bu son chocolat
den venlige mand drak sin chokolade
et puis il est allé chercher son cheval
og så gik han for at lede efter sin hest
mais dans le jardin il se souvint de la demande de Belle
men i haven huskede han skønhedens anmodning
et il coupa une branche de roses
og han skar en gren af roser af
immédiatement il entendit un grand bruit
straks hørte han en stor larm
et il vit une bête terriblement effrayante
og han så et frygteligt dyr
il était tellement effrayé qu'il était sur le point de s'évanouir
han var så bange, at han var klar til at besvime
« Tu es bien ingrat », lui dit la bête.
"Du er meget utaknemmelig," sagde udyret til ham
et la bête parla d'une voix terrible
og dyret talte med en frygtelig røst
« Je t'ai sauvé la vie en te laissant entrer dans mon château »
"Jeg har reddet dit liv ved at give dig adgang til mit slot"
"et pour ça tu me voles mes roses en retour ?"
"og for dette stjæler du mine roser til gengæld?"
« Les roses que j'apprécie plus que tout »
"Roserne, som jeg værdsætter mere end noget"
"mais tu mourras pour ce que tu as fait"
"men du skal dø for det du har gjort"
« Je ne vous donne qu'un quart d'heure pour vous préparer »
"Jeg giver dig kun et kvarter til at forberede dig"
« Préparez-vous à la mort et dites vos prières »
"gør dig klar til døden og bed dine bønner"

le marchand tomba à genoux
købmanden faldt på knæ
et il leva ses deux mains
og han løftede begge sine hænder
« Monseigneur, je vous supplie de me pardonner »
"Min herre, jeg beder dig tilgive mig"
« Je n'avais aucune intention de t'offenser »
"Jeg havde ikke til hensigt at fornærme dig"
« J'ai cueilli une rose pour une de mes filles »
"Jeg samlede en rose til en af mine døtre"
"elle m'a demandé de lui apporter une rose"
"hun bad mig om at bringe hende en rose"
« Je ne suis pas ton seigneur, mais je suis une bête », répondit le monstre
"Jeg er ikke din herre, men jeg er et udyr," svarede monsteret
« Je n'aime pas les compliments »
"Jeg elsker ikke komplimenter"
« J'aime les gens qui parlent comme ils pensent »
"Jeg kan godt lide folk, der taler, som de tror"
« N'imaginez pas que je puisse être ému par la flatterie »
"forestil dig ikke, at jeg kan blive rørt af smiger"
« Mais tu dis que tu as des filles »
"Men du siger, du har fået døtre"
"Je te pardonnerai à une condition"
"Jeg vil tilgive dig på én betingelse"
« L'une de vos filles doit venir volontairement à mon palais »
"en af dine døtre må gerne komme til mit palads"
"et elle doit souffrir pour toi"
"og hun må lide for dig"
« Donne-moi ta parole »
"Lad mig få dit ord"
"et ensuite tu pourras vaquer à tes occupations"
"og så kan du gå i gang med din virksomhed"
« Promets-moi ceci : »
"Lov mig dette:"

"Si votre fille refuse de mourir pour vous, vous devez revenir dans les trois mois"
"hvis din datter nægter at dø for dig, skal du vende tilbage inden for tre måneder"
le marchand n'avait aucune intention de sacrifier ses filles
købmanden havde ingen intentioner om at ofre sine døtre
mais, comme on lui en donnait le temps, il voulait revoir ses filles une fois de plus
men da han fik Tid, vilde han endnu engang se sine Døtre
alors il a promis qu'il reviendrait
så han lovede at vende tilbage
et la bête lui dit qu'il pouvait partir quand il le voudrait
og udyret sagde til ham, at han måtte drage af sted, når det ville
et la bête lui dit encore une chose
og udyret fortalte ham en ting mere
« Tu ne partiras pas les mains vides »
"du skal ikke gå tomhændet"
« retourne dans la pièce où tu étais allongé »
"gå tilbage til rummet hvor du lå"
« vous verrez un grand coffre au trésor vide »
"du vil se en stor tom skattekiste"
« Remplissez le coffre aux trésors avec ce que vous préférez »
"fyld skattekisten med hvad du bedst kan lide"
"et j'enverrai le coffre au trésor chez toi"
"og jeg sender skattekisten til dit hjem"
et en même temps la bête s'est retirée
og i det samme trak dyret sig tilbage
« Eh bien, » se dit le bon homme
"Nå," sagde den gode mand til sig selv
« Si je dois mourir, je laisserai au moins quelque chose à mes enfants »
"hvis jeg skal dø, skal jeg i det mindste efterlade noget til mine børn"
alors il retourna dans la chambre à coucher

så han vendte tilbage til sengekammeret
et il a trouvé une grande quantité de pièces d'or
og han fandt mange guldstykker
il a rempli le coffre au trésor que la bête avait mentionné
han fyldte den skattekiste, som dyret havde nævnt
et il sortit son cheval de l'écurie
og han tog sin hest ud af stalden
la joie qu'il ressentait en entrant dans le palais était désormais égale à la douleur qu'il ressentait en le quittant
den glæde, han følte, da han gik ind i paladset, var nu lig med den sorg, han følte ved at forlade det
le cheval a pris un des chemins de la forêt
hesten tog en af skovens veje
et quelques heures plus tard, le bon homme était à la maison
og om et par timer var den gode mand hjemme
ses enfants sont venus à lui
hans børn kom til ham
mais au lieu de recevoir leurs étreintes avec plaisir, il les regardait
men i stedet for at modtage deres omfavnelser med glæde, så han på dem
il brandit la branche qu'il tenait dans ses mains
han holdt den gren op, han havde i hænderne
et puis il a fondu en larmes
og så brast han i gråd
« **Belle** », dit-il, « **s'il te plaît, prends ces roses** »
"skønhed," sagde han, "tak venligst disse roser"
"**Vous ne pouvez pas savoir à quel point ces roses ont été chères**"
"du kan ikke vide, hvor dyre disse roser har været"
"**Ces roses ont coûté la vie à ton père**"
"disse roser har kostet din far livet"
et puis il raconta sa fatale aventure
og så fortalte han om sit fatale eventyr
immédiatement les deux sœurs aînées crièrent
straks råbte de to ældste søstre

et ils ont dit beaucoup de choses méchantes à leur belle sœur
og de sagde mange slemme ting til deres smukke søster
mais Belle n'a pas pleuré du tout
men skønheden græd slet ikke
« **Regardez l'orgueil de ce petit misérable** », **dirent-ils.**
"Se på den lille stakkels stolthed," sagde de
"elle n'a pas demandé de beaux vêtements"
"hun bad ikke om fint tøj"
"Elle aurait dû faire ce que nous avons fait"
"hun skulle have gjort, hvad vi gjorde"
"elle voulait se distinguer"
"hun ville udmærke sig"
"alors maintenant elle sera la mort de notre père"
"så nu vil hun være vores fars død"
"et pourtant elle ne verse pas une larme"
"og alligevel fælder hun ikke en tåre"
"Pourquoi devrais-je pleurer ?" répondit Belle
"Hvorfor skulle jeg græde?" svarede skønhed
« **pleurer serait très inutile** »
"det ville være meget unødvendigt at græde"
« **Mon père ne souffrira pas pour moi** »
"min far vil ikke lide for mig"
"le monstre acceptera une de ses filles"
"monstret vil acceptere en af sine døtre"
« **Je m'offrirai à toute sa fureur** »
"Jeg vil ofre mig til al hans vrede"
« **Je suis très heureux, car ma mort sauvera la vie de mon père** »
"Jeg er meget glad, for min død vil redde min fars liv"
"ma mort sera une preuve de mon amour"
"min død vil være et bevis på min kærlighed"
« **Non, ma sœur** », **dirent ses trois frères**
"Nej, søster," sagde hendes tre brødre
"cela ne sera pas"
"det skal ikke være"
"nous allons chercher le monstre"

"vi skal finde monsteret"
"et soit on le tue..."
"og enten slår vi ham ihjel..."
« ... ou nous périrons dans cette tentative »
"... ellers går vi til grunde i forsøget"
« N'imaginez rien de tel, mes fils », dit le marchand.
"Forestil dig ikke noget sådant, mine sønner," sagde købmanden
"La puissance de la bête est si grande que je n'ai aucun espoir que tu puisses la vaincre"
"dyrets magt er så stor, at jeg ikke har noget håb om, at du kunne overvinde ham"
« Je suis charmé par l'offre aimable et généreuse de Belle »
"Jeg er charmeret over skønhedens venlige og generøse tilbud"
"mais je ne peux pas accepter sa générosité"
"men jeg kan ikke acceptere hendes generøsitet"
« Je suis vieux et je n'ai plus beaucoup de temps à vivre »
"Jeg er gammel, og jeg har ikke længe at leve"
"Je ne peux donc perdre que quelques années"
"så jeg kan kun tabe et par år"
"un temps que je regrette pour vous, mes chers enfants"
"tid, som jeg fortryder for jer, mine kære børn"
« Mais père », dit Belle
"Men far," sagde skønhed
"tu n'iras pas au palais sans moi"
"du må ikke gå til paladset uden mig"
"tu ne peux pas m'empêcher de te suivre"
"du kan ikke forhindre mig i at følge dig"
rien ne pourrait convaincre Belle autrement
intet kunne overbevise skønhed ellers
elle a insisté pour aller au beau palais
hun insisterede på at tage til det fine palads
et ses sœurs étaient ravies de son insistance
og hendes søstre var henrykte over hendes insisteren
Le marchand était inquiet à l'idée de perdre sa fille
Købmanden var bekymret ved tanken om at miste sin datter

il était tellement inquiet qu'il avait oublié le coffre rempli d'or
han var så bekymret, at han havde glemt kisten fuld af guld
la nuit, il se retirait pour se reposer et fermait la porte de sa chambre
om natten trak han sig tilbage for at hvile, og han lukkede sin kammerdør
puis, à sa grande surprise, il trouva le trésor à côté de son lit
så fandt han til sin store forbavselse skatten ved sin seng
il était déterminé à ne rien dire à ses enfants
han var fast besluttet på ikke at fortælle det til sine børn
s'ils savaient, ils auraient voulu retourner en ville
hvis de vidste det, ville de have ønsket at vende tilbage til byen
et il était résolu à ne pas quitter la campagne
og han var fast besluttet på ikke at forlade landet
mais il confia le secret à Belle
men han betroede skønheden med hemmeligheden
elle l'informa que deux messieurs étaient venus
hun meddelte ham, at der var kommet to herrer
et ils ont fait des propositions à ses sœurs
og de stillede forslag til hendes søstre
elle a supplié son père de consentir à leur mariage
hun tryglede sin far om at samtykke til deres ægteskab
et elle lui a demandé de leur donner une partie de sa fortune
og hun bad ham give dem noget af sin formue
elle leur avait déjà pardonné
hun havde allerede tilgivet dem
les méchantes créatures se frottaient les yeux avec des oignons
de onde skabninger gned deres øjne med løg
pour forcer quelques larmes quand ils se sont séparés de leur sœur
at tvinge nogle tårer, da de skiltes med deres søster
mais ses frères étaient vraiment inquiets
men hendes brødre var virkelig bekymrede

Belle était la seule à ne pas verser de larmes
skønhed var den eneste, der ikke fældede nogen tårer
elle ne voulait pas augmenter leur malaise
hun ønskede ikke at øge deres uro
le cheval a pris la route directe vers le palais
hesten tog den direkte vej til paladset
et vers le soir ils virent le palais illuminé
og henimod aften så de det oplyste palads
le cheval est rentré à l'écurie
hesten tog sig selv ind i stalden igen
et le bon homme et sa fille entrèrent dans la grande salle
og den gode mand og hans datter gik ind i den store sal
ici ils ont trouvé une table magnifiquement dressée
her fandt de et flot serveret bord
le marchand n'avait pas d'appétit pour manger
købmanden havde ingen lyst til at spise
mais Belle s'efforçait de paraître joyeuse
men skønheden søgte at fremstå munter
elle s'est assise à table et a aidé son père
hun satte sig ved bordet og hjalp sin far
mais elle pensait aussi :
men hun tænkte også ved sig selv:
"**La bête veut sûrement m'engraisser avant de me manger**"
"dyret vil helt sikkert fede mig, før det spiser mig"
"**c'est pourquoi il offre autant de divertissement**"
"det er derfor, han giver så rigelig underholdning"
après avoir mangé, ils entendirent un grand bruit
efter at de havde spist, hørte de en stor larm
et le marchand fit ses adieux à son malheureux enfant, les larmes aux yeux
og købmanden tog afsked med sit ulykkelige barn med tårer i øjnene
parce qu'il savait que la bête allait venir
fordi han vidste, at udyret kom
Belle était terrifiée par sa forme horrible
skønheden var rædselsslagen over hans rædselsfulde

skikkelse
mais elle a pris courage du mieux qu'elle a pu
men hun tog Mod til sig, saa godt hun kunde
et le monstre lui a demandé si elle était venue volontairement
og uhyret spurgte hende, om hun kom villigt
"Oui, je suis venue volontiers", dit-elle en tremblant
"Ja, jeg er kommet gerne," sagde hun skælvende
la bête répondit : « Tu es très bon »
udyret svarede: "Du er meget god"
"et je vous suis très reconnaissant, honnête homme"
"og jeg er dig meget taknemmelig, ærlig mand"
« Allez-y demain matin »
"gå dine veje i morgen tidlig"
"mais ne pense plus jamais à revenir ici"
"men tænk aldrig på at komme her igen"
« Adieu Belle, adieu bête », répondit-il
"Farvel skønhed, afskedsdyr," svarede han
et immédiatement le monstre s'est retiré
og straks trak monsteret sig tilbage
« Oh, ma fille », dit le marchand
"Åh, datter," sagde købmanden
et il embrassa sa fille une fois de plus
og han omfavnede sin datter endnu en gang
« Je suis presque mort de peur »
"Jeg er næsten dødsangst"
"crois-moi, tu ferais mieux de rentrer"
"tro mig, du må hellere gå tilbage"
"Laisse-moi rester ici, à ta place"
"lad mig blive her i stedet for dig"
« Non, père », dit Belle d'un ton résolu.
"Nej, far," sagde skønhed i en resolut tone
"tu partiras demain matin"
"du skal afsted i morgen tidlig"
« Laissez-moi aux soins et à la protection de la Providence »
"overlad mig til forsynets omsorg og beskyttelse"

néanmoins ils sont allés se coucher
ikke desto mindre gik de i seng
ils pensaient qu'ils ne fermeraient pas les yeux de la nuit
de troede, at de ikke ville lukke øjnene hele natten
mais juste au moment où ils se couchaient, ils s'endormirent
men lige som de lagde sig, sov de
La belle rêva qu'une belle dame venait et lui disait :
skønhed drømte en fin dame kom og sagde til hende:
« Je suis content, Belle, de ta bonne volonté »
"Jeg er tilfreds, skønhed, med din gode vilje"
« Cette bonne action de votre part ne restera pas sans récompense »
"Denne gode handling skal ikke forblive ubelønnet"
Belle s'est réveillée et a raconté son rêve à son père
skønhed vågnede og fortalte sin far sin drøm
le rêve l'a aidé à se réconforter un peu
drømmen var med til at trøste ham lidt
mais il ne pouvait s'empêcher de pleurer amèrement en partant
men han kunne ikke lade være med at græde bittert, da han gik
Dès qu'il fut parti, Belle s'assit dans la grande salle et pleura aussi
så snart han var væk, satte skønheden sig i den store sal og græd også
mais elle résolut de ne pas s'inquiéter
men hun besluttede sig for ikke at være urolig
elle a décidé d'être forte pour le peu de temps qui lui restait à vivre
hun besluttede at være stærk i den lille tid, hun havde tilbage at leve
parce qu'elle croyait fermement que la bête la mangerait
fordi hun troede fuldt og fast på, at udyret ville æde hende
Cependant, elle pensait qu'elle pourrait aussi bien explorer le palais
dog tænkte hun, at hun lige så godt kunne udforske paladset

et elle voulait voir le beau château
og hun ville se det fine slot
un château qu'elle ne pouvait s'empêcher d'admirer
et slot, som hun ikke kunne lade være med at beundre
c'était un palais délicieusement agréable
det var et dejligt behageligt palads
et elle fut extrêmement surprise de voir une porte
og hun var meget overrasket over at se en dør
et sur la porte il était écrit que c'était sa chambre
og over døren stod der skrevet, at det var hendes værelse
elle a ouvert la porte à la hâte
hun åbnede hastigt døren
et elle était tout à fait éblouie par la magnificence de la pièce
og hun var ret forblændet af rummets storhed
ce qui a principalement retenu son attention était une grande bibliothèque
det, der først og fremmest optog hendes opmærksomhed, var et stort bibliotek
un clavecin et plusieurs livres de musique
en cembalo og flere nodebøger
« Eh bien, » se dit-elle
"Nå," sagde hun til sig selv
« Je vois que la bête ne laissera pas mon temps peser sur moi »
"Jeg kan se, at udyret ikke vil lade min tid hænge tungt"
puis elle réfléchit à sa situation
så reflekterede hun for sig selv over sin situation
« Si je devais rester un jour, tout cela ne serait pas là »
"Hvis det var meningen, at jeg skulle blive en dag, ville alt dette ikke være her"
cette considération lui inspira un courage nouveau
denne betragtning inspirerede hende med nyt mod
et elle a pris un livre de sa nouvelle bibliothèque
og hun tog en bog fra sit nye bibliotek
et elle lut ces mots en lettres d'or :
og hun læste disse ord med gyldne bogstaver:

« Accueillez Belle, bannissez la peur »
"Velkommen skønhed, forvis frygt"
« **Vous êtes reine et maîtresse ici** »
"Du er dronning og elskerinde her"
« **Exprimez vos souhaits, exprimez votre volonté** »
"Sig dine ønsker, sig din vilje"
« **L'obéissance rapide répond ici à vos souhaits** »
"Hurtig lydighed opfylder dine ønsker her"
« **Hélas, dit-elle avec un soupir**
"Ak," sagde hun med et suk
« Ce que je souhaite par-dessus tout, c'est revoir mon pauvre père. »
"Mest af alt ønsker jeg at se min stakkels far"
"**et j'aimerais savoir ce qu'il fait**"
"og jeg vil gerne vide, hvad han laver"
Dès qu'elle eut dit cela, elle remarqua le miroir
Så snart hun havde sagt dette, lagde hun mærke til spejlet
à sa grande surprise, elle vit sa propre maison dans le miroir
til sin store forbavselse så hun sit eget hjem i spejlet
son père est arrivé émotionnellement épuisé
hendes far ankom følelsesmæssigt udmattet
ses sœurs sont allées à sa rencontre
hendes søstre gik ham i møde
malgré leurs tentatives de paraître tristes, leur joie était visible
på trods af deres forsøg på at fremstå sorgfulde, var deres glæde synlig
un instant plus tard, tout a disparu
et øjeblik efter forsvandt alt
et les appréhensions de Belle ont également disparu
og skønhedens betænkeligheder forsvandt også
car elle savait qu'elle pouvait faire confiance à la bête
for hun vidste, at hun kunne stole på dyret
À midi, elle trouva le dîner prêt
Ved middagstid fandt hun aftensmaden klar
elle s'est assise à la table

hun satte sig ved bordet
et elle a été divertie avec un concert de musique
og hun blev underholdt med en musikkoncert
même si elle ne pouvait voir personne
selvom hun ikke kunne se nogen
le soir, elle s'est à nouveau assise pour dîner
om natten satte hun sig til aftensmad igen
cette fois elle entendit le bruit que faisait la bête
denne gang hørte hun den larm, dyret lavede
et elle ne pouvait s'empêcher d'être terrifiée
og hun kunne ikke lade være med at blive rædselsslagen
"Belle", dit le monstre
"skønhed," sagde monsteret
"est-ce que tu me permets de manger avec toi ?"
"tillader du mig at spise med dig?"
« Fais comme tu veux », répondit Belle en tremblant
"gør som du vil," svarede skønheden skælvende
"Non", répondit la bête
"Nej," svarede udyret
"tu es seule la maîtresse ici"
"Du alene er elskerinde her"
"tu peux me renvoyer si je suis gênant"
"du kan sende mig væk, hvis jeg er besværlig"
« renvoyez-moi et je me retirerai immédiatement »
"send mig væk, og jeg trækker mig straks"
« Mais dis-moi, ne me trouves-tu pas très laide ? »
"Men sig mig, synes du ikke, jeg er meget grim?"
"C'est vrai", dit Belle
"Det er sandt," sagde skønhed
« Je ne peux pas mentir »
"Jeg kan ikke lyve"
"mais je crois que tu es de très bonne nature"
"men jeg tror du er meget godmodig"
« Je le suis en effet », dit le monstre
"Det er jeg sandelig," sagde monsteret
« Mais à part ma laideur, je n'ai pas non plus de bon sens »

"Men bortset fra min grimhed, så har jeg heller ingen forstand"
« Je sais très bien que je suis une créature stupide »
"Jeg ved godt, at jeg er et fjollet væsen"
« Ce n'est pas un signe de folie de penser ainsi », répondit Belle.
"Det er intet tegn på dårskab at tænke sådan," svarede skønhed
« Mange donc, belle », dit le monstre
"Spis da, skønhed," sagde monsteret
« essaie de t'amuser dans ton palais »
"Prøv at more dig selv i dit palads"
"tout ici est à toi"
"alt her er dit"
"et je serais très mal à l'aise si tu n'étais pas heureux"
"og jeg ville være meget urolig, hvis du ikke var glad"
« Vous êtes très obligeant », répondit Belle
"Du er meget imødekommende," svarede skønhed
« J'avoue que je suis heureux de votre gentillesse »
"Jeg indrømmer, at jeg er glad for din venlighed"
« et quand je considère votre gentillesse, je remarque à peine vos difformités »
"og når jeg tænker på din venlighed, lægger jeg næsten ikke mærke til dine misdannelser"
« Oui, oui, dit la bête, mon cœur est bon.
"Ja, ja," sagde udyret, "mit hjerte er godt
"mais même si je suis bon, je suis toujours un monstre"
"men selvom jeg er god, er jeg stadig et monster"
« Il y a beaucoup d'hommes qui méritent ce nom plus que toi »
"Der er mange mænd, der fortjener det navn mere end dig"
"et je te préfère tel que tu es"
"og jeg foretrækker dig lige som du er"
"et je te préfère à ceux qui cachent un cœur ingrat"
"og jeg foretrækker dig mere end dem, der skjuler et utaknemmeligt hjerte"
"Si seulement j'avais un peu de bon sens", répondit la bête

"hvis jeg bare havde lidt forstand," svarede udyret
"Si j'avais du bon sens, je vous ferais un beau compliment pour vous remercier"
"hvis jeg havde fornuft, ville jeg give et fint kompliment for at takke dig"
"mais je suis si ennuyeux"
"men jeg er så kedelig"
« Je peux seulement dire que je vous suis très reconnaissant »
"Jeg kan kun sige, at jeg er meget taknemmelig over for dig"
Belle a mangé un copieux souper
skønhed spiste en solid aftensmad
et elle avait presque vaincu sa peur du monstre
og hun havde næsten overvundet sin frygt for uhyret
mais elle a voulu s'évanouir lorsque la bête lui a posé la question suivante
men hun ville besvime, da udyret stillede hende det næste spørgsmål
"Belle, veux-tu être ma femme ?"
"skønhed, vil du være min kone?"
elle a mis du temps avant de pouvoir répondre
hun tog noget tid, før hun kunne svare
parce qu'elle avait peur de le mettre en colère
fordi hun var bange for at gøre ham vred
Mais finalement elle dit "non, bête"
til sidst sagde hun dog "nej, udyr"
immédiatement le pauvre monstre siffla très effroyablement
straks hvæsede det stakkels monster meget forfærdeligt
et tout le palais résonna
og hele paladset genlød
mais Belle se remit bientôt de sa frayeur
men skønheden kom sig hurtigt over sin forskrækkelse
parce que la bête parla encore d'une voix lugubre
fordi udyret talte igen med en sørgelig stemme
"Alors adieu, Belle"
"så farvel, skønhed"

et il ne se retournait que de temps en temps
og han vendte kun tilbage nu og da
de la regarder alors qu'il sortait
at se på hende, mens han gik ud
maintenant Belle était à nouveau seule
nu var skønheden atter alene
elle ressentait beaucoup de compassion
hun følte en stor medfølelse
"Hélas, c'est mille fois dommage"
"Ak, det er tusind synd"
"tout ce qui est si bon ne devrait pas être si laid"
"alt så godmodigt burde ikke være så grimt"
Belle a passé trois mois très heureuse dans le palais
skønhed tilbragte tre måneder meget tilfreds i paladset
chaque soir la bête lui rendait visite
hver aften aflagde dyret hende et besøg
et ils ont parlé pendant le dîner
og de talte sammen under aftensmaden
ils ont parlé avec bon sens
de talte med sund fornuft
mais ils ne parlaient pas avec ce que les gens appellent de l'esprit
men de talte ikke med, hvad folk kalder vittighed
Belle a toujours découvert un caractère précieux dans la bête
skønhed opdagede altid en værdifuld karakter i udyret
et elle s'était habituée à sa difformité
og hun havde vænnet sig til hans misdannelse
elle ne redoutait plus le moment de sa visite
hun frygtede ikke længere tidspunktet for hans besøg
maintenant elle regardait souvent sa montre
nu så hun ofte på sit ur
et elle ne pouvait pas attendre qu'il soit neuf heures
og hun kunne ikke vente til klokken blev ni
car la bête ne manquait jamais de venir à cette heure-là
fordi udyret aldrig savnede at komme i den time
il n'y avait qu'une seule chose qui concernait Belle

der var kun én ting, der vedrørte skønhed
chaque soir avant d'aller au lit, la bête lui posait la même question
hver aften før hun gik i seng, stillede udyret hende det samme spørgsmål
le monstre lui a demandé si elle voulait être sa femme
monsteret spurgte hende, om hun ville være hans kone
un jour elle lui dit : "bête, tu me mets très mal à l'aise"
en dag sagde hun til ham, "dyr, du gør mig meget utryg"
« J'aimerais pouvoir consentir à t'épouser »
"Jeg ville ønske, jeg kunne give samtykke til at gifte mig med dig"
"mais je suis trop sincère pour te faire croire que je t'épouserais"
"men jeg er for oprigtig til at få dig til at tro, at jeg ville gifte mig med dig"
"Notre mariage n'aura jamais lieu"
"vores ægteskab vil aldrig ske"
« Je te verrai toujours comme un ami »
"Jeg vil altid se dig som en ven"
"S'il vous plaît, essayez d'être satisfait de cela"
"Prøv venligst at være tilfreds med dette"
« Je dois me contenter de cela », dit la bête
"Det må jeg være tilfreds med," sagde udyret
« Je connais mon propre malheur »
"Jeg kender min egen ulykke"
"mais je t'aime avec la plus tendre affection"
"men jeg elsker dig med den ømmeste hengivenhed"
« Cependant, je devrais me considérer comme heureux »
"Men jeg burde betragte mig selv som lykkelig"
"et je serais heureux que tu restes ici"
"og jeg skulle være glad for, at du bliver her"
"promets-moi de ne jamais me quitter"
"lov mig aldrig at forlade mig"
Belle rougit à ces mots
skønheden rødmede ved disse ord

Un jour, Belle se regardait dans son miroir
en dag kiggede skønheden i sit spejl
son père s'était inquiété à mort pour elle
hendes far havde bekymret sig syg for hende
elle avait plus que jamais envie de le revoir
hun længtes mere end nogensinde efter at se ham igen
« Je pourrais te promettre de ne jamais te quitter complètement »
"Jeg kunne love aldrig at forlade dig helt"
"mais j'ai tellement envie de voir mon père"
"men jeg har så stort et ønske om at se min far"
« Je serais terriblement contrarié si tu disais non »
"Jeg ville være umuligt ked af det, hvis du siger nej"
« Je préfère mourir moi-même », dit le monstre
"Jeg ville hellere dø selv," sagde monsteret
« Je préférerais mourir plutôt que de te mettre mal à l'aise »
"Jeg vil hellere dø end at få dig til at føle ubehag"
« Je t'enverrai vers ton père »
"Jeg sender dig til din far"
"tu resteras avec lui"
"du skal blive hos ham"
"et cette malheureuse bête mourra de chagrin à la place"
"og dette uheldige udyr vil dø af sorg i stedet"
« Non », dit Belle en pleurant
"Nej," sagde skønheden og græd
"Je t'aime trop pour être la cause de ta mort"
"Jeg elsker dig for højt til at være årsagen til din død"
"Je te promets de revenir dans une semaine"
"Jeg giver dig mit løfte om at vende tilbage om en uge"
« Tu m'as montré que mes sœurs sont mariées »
"Du har vist mig, at mine søstre er gift"
« et mes frères sont partis à l'armée »
"og mine brødre er gået til hæren"
« laisse-moi rester une semaine avec mon père, car il est seul »
"lad mig blive en uge hos min far, da han er alene"

« Tu seras là demain matin », dit la bête
"Du skal være der i morgen tidlig," sagde udyret
"mais souviens-toi de ta promesse"
"men husk dit løfte"
« Il vous suffit de poser votre bague sur une table avant d'aller vous coucher »
"Du behøver kun lægge din ring på et bord, før du går i seng"
"et alors tu seras ramené avant le matin"
"og så bliver du bragt tilbage inden morgenen"
« Adieu chère Belle », soupira la bête
"Farvel kære skønhed," sukkede udyret
Belle s'est couchée très triste cette nuit-là
skønhed gik meget trist i seng den aften
parce qu'elle ne voulait pas voir la bête si inquiète
fordi hun ikke ville se udyret så bekymret
le lendemain matin, elle se retrouva chez son père
næste morgen befandt hun sig i sin fars hjem
elle a sonné une petite cloche à côté de son lit
hun ringede med en lille klokke ved sin seng
et la servante poussa un grand cri
og tjenestepigen gav et højt skrig
et son père a couru à l'étage
og hendes far løb ovenpå
il pensait qu'il allait mourir de joie
han troede, han skulle dø af glæde
il l'a tenue dans ses bras pendant un quart d'heure
han holdt hende i sine arme i et kvarter
Finalement, les premières salutations étaient terminées
til sidst var de første hilsener forbi
Belle a commencé à penser à sortir du lit
skønhed begyndte at tænke på at komme ud af sengen
mais elle s'est rendu compte qu'elle n'avait apporté aucun vêtement
men hun indså, at hun ikke havde medbragt noget tøj
mais la servante lui a dit qu'elle avait trouvé une boîte
men tjenestepigen fortalte hende, at hun havde fundet en æske

le grand coffre était plein de robes et de robes
den store bagagerum var fuld af kjoler og kjoler
chaque robe était couverte d'or et de diamants
hver kjole var beklædt med guld og diamanter
La Belle a remercié la Bête pour ses bons soins
skønheden takkede dyret for hans venlige omsorg
et elle a pris l'une des robes les plus simples
og hun tog en af de mest almindelige kjoler
elle avait l'intention de donner les autres robes à ses sœurs
hun havde til hensigt at give de andre kjoler til sine søstre
mais à cette pensée le coffre de vêtements disparut
men ved den tanke forsvandt tøjskrinet
la bête avait insisté sur le fait que les vêtements étaient pour elle seulement
beast havde insisteret på, at tøjet kun var til hende
son père lui a dit que c'était le cas
hendes far fortalte hende, at det var tilfældet
et aussitôt le coffre de vêtements est revenu
og straks kom tøjstammen tilbage igen
Belle s'est habillée avec ses nouveaux vêtements
skønheden klædte sig selv med sit nye tøj
et pendant ce temps les servantes allèrent chercher ses sœurs
og i mellemtiden gik tjenestepigerne for at finde hendes søstre
ses deux sœurs étaient avec leurs maris
begge hendes søster var sammen med deres mænd
mais ses deux sœurs étaient très malheureuses
men begge hendes søstre var meget ulykkelige
sa sœur aînée avait épousé un très beau gentleman
hendes ældste søster havde giftet sig med en meget smuk herre
mais il était tellement amoureux de lui-même qu'il négligeait sa femme
men han var så glad for sig selv, at han forsømte sin kone
sa deuxième sœur avait épousé un homme spirituel
hendes anden søster havde giftet sig med en vittig mand
mais il a utilisé son esprit pour tourmenter les gens

men han brugte sit vidnesbyrd til at plage folk
et il tourmentait surtout sa femme
og han plagede sin kone mest af alt
Les sœurs de Belle l'ont vue habillée comme une princesse
skønhedens søstre så hende klædt ud som en prinsesse
et ils furent écœurés d'envie
og de blev syge af misundelse
maintenant elle était plus belle que jamais
nu var hun smukkere end nogensinde
son comportement affectueux n'a pas pu étouffer leur jalousie
hendes kærlige adfærd kunne ikke kvæle deres jalousi
elle leur a dit combien elle était heureuse avec la bête
hun fortalte dem, hvor glad hun var med udyret
et leur jalousie était prête à éclater
og deres jalousi var klar til at briste
Ils descendirent dans le jardin pour pleurer leur malheur
De gik ned i haven for at græde over deres ulykke
« En quoi cette petite créature est-elle meilleure que nous ? »
"På hvilken måde er dette lille væsen bedre end os?"
« Pourquoi devrait-elle être tellement plus heureuse ? »
"Hvorfor skulle hun være så meget gladere?"
« Sœur », dit la sœur aînée
"Søster," sagde den ældre søster
"**une pensée vient de me traverser l'esprit**"
"en tanke slog mig lige"
« Essayons de la garder ici plus d'une semaine »
"lad os prøve at holde hende her i mere end en uge"
"**Peut-être que cela fera enrager ce monstre idiot**"
"måske vil dette gøre det fjollede monster rasende"
« parce qu'elle aurait manqué à sa parole »
"fordi hun ville have brudt sit ord"
"**et alors il pourrait la dévorer**"
"og så kan han fortære hende"
"**C'est une excellente idée**", répondit l'autre sœur
"det er en god idé," svarede den anden søster

« Nous devons lui montrer autant de gentillesse que possible »
"vi skal vise hende så meget venlighed som muligt"
les sœurs en ont fait leur résolution
søstrene gjorde dette til deres beslutning
et ils se sont comportés très affectueusement envers leur sœur
og de opførte sig meget kærligt over for deres søster
pauvre Belle pleurait de joie à cause de toute leur gentillesse
stakkels skønhed græd af glæde af al deres venlighed
quand la semaine fut expirée, ils pleurèrent et s'arrachèrent les cheveux
da ugen var udløbet, græd de og rev deres hår
ils semblaient si désolés de se séparer d'elle
de virkede så kede af at skille sig af med hende
et Belle a promis de rester une semaine de plus
og skønhed lovede at blive en uge længere
Pendant ce temps, Belle ne pouvait s'empêcher de réfléchir sur elle-même
I mellemtiden kunne skønhed ikke lade være med at reflektere over sig selv
elle s'inquiétait de ce qu'elle faisait à la pauvre bête
hun bekymrede sig om, hvad hun gjorde ved det stakkels udyr
elle sait qu'elle l'aimait sincèrement
hun ved, at hun oprigtigt elskede ham
et elle avait vraiment envie de le revoir
og hun længtes virkelig efter at se ham igen
la dixième nuit qu'elle a passée chez son père aussi
den tiende nat tilbragte hun også hos sin far
elle a rêvé qu'elle était dans le jardin du palais
hun drømte, hun var i slotshaven
et elle rêva qu'elle voyait la bête étendue sur l'herbe
og hun drømte, at hun så dyret udstrakt på græsset
il semblait lui faire des reproches d'une voix mourante
han syntes at bebrejde hende med en døende stemme

et il l'accusa d'ingratitude
og han anklagede hende for utaknemmelighed
Belle s'est réveillée de son sommeil
skønhed vågnede op af sin søvn
et elle a fondu en larmes
og hun brød ud i gråd
« **Ne suis-je pas très méchant ?** »
"Er jeg ikke meget ond?"
« **N'était-ce pas cruel de ma part d'agir si méchamment envers la bête ?** »
"Var det ikke grusomt af mig at handle så uvenligt mod udyret?"
"la bête a tout fait pour me faire plaisir"
"dyr gjorde alt for at behage mig"
« **Est-ce sa faute s'il est si laid ?** »
"Er det hans skyld, at han er så grim?"
« **Est-ce sa faute s'il a si peu d'esprit ?** »
"Er det hans skyld, at han har så lidt vid?"
« **Il est gentil et bon, et cela suffit** »
"Han er venlig og god, og det er nok"
« **Pourquoi ai-je refusé de l'épouser ?** »
"Hvorfor nægtede jeg at gifte mig med ham?"
« **Je devrais être heureux avec le monstre** »
"Jeg burde være glad for monsteret"
« **regarde les maris de mes sœurs** »
"se på mine søstres mænd"
« **Ni l'esprit, ni la beauté ne les rendent bons** »
"hverken vidnesbyrd eller et smukt væsen gør dem gode"
« **aucun de leurs maris ne les rend heureuses** »
"ingen af deres mænd gør dem lykkelige"
« **mais la vertu, la douceur de caractère et la patience** »
"men dyd, sødme af temperament og tålmodighed"
"ces choses rendent une femme heureuse"
"disse ting gør en kvinde glad"
"et la bête a toutes ces qualités précieuses"
"og udyret har alle disse værdifulde egenskaber"

"c'est vrai, je ne ressens pas de tendresse et d'affection pour lui"
"det er sandt; jeg føler ikke den ømhed af hengivenhed for ham"
"mais je trouve que j'éprouve la plus grande gratitude envers lui"
"men jeg synes, jeg har den største taknemmelighed for ham"
"et j'ai la plus haute estime pour lui"
"og jeg har den højeste agtelse af ham"
"et il est mon meilleur ami"
"og han er min bedste ven"
« Je ne le rendrai pas malheureux »
"Jeg vil ikke gøre ham ulykkelig"
« Si j'étais si ingrat, je ne me le pardonnerais jamais »
"Hvis jeg skulle være så utaknemmelig, ville jeg aldrig tilgive mig selv"
Belle a posé sa bague sur la table
skønhed satte sin ring på bordet
et elle est retournée au lit
og hun gik i seng igen
à peine était-elle au lit qu'elle s'endormit
knap var hun i seng, før hun faldt i søvn
elle s'est réveillée à nouveau le lendemain matin
hun vågnede igen næste morgen
et elle était ravie de se retrouver dans le palais de la bête
og hun var overlykkelig over at finde sig selv i udyrets palads
elle a mis une de ses plus belles robes pour lui faire plaisir
hun tog en af sine pæneste kjoler på for at glæde ham
et elle attendait patiemment le soir
og hun ventede tålmodigt på aftenen
enfin l' heure tant souhaitée est arrivée
kom den ønskede time
L'horloge a sonné neuf heures, mais aucune bête n'est apparue
klokken slog ni, dog dukkede intet dyr op
La belle craignit alors d'avoir été la cause de sa mort

skønhed frygtede da, at hun havde været årsagen til hans død
elle a couru en pleurant dans tout le palais
hun løb grædende rundt i paladset
après l'avoir cherché partout, elle se souvint de son rêve
efter at have søgt efter ham overalt, huskede hun sin drøm
et elle a couru vers le canal dans le jardin
og hun løb til kanalen i haven
là elle a trouvé la pauvre bête étendue
der fandt hun det stakkels udstrakte dyr
et elle était sûre de l'avoir tué
og hun var sikker på, at hun havde dræbt ham
elle se jeta sur lui sans aucune crainte
hun kastede sig over ham uden nogen frygt
son cœur battait encore
hans hjerte bankede stadig
elle est allée chercher de l'eau au canal
hun hentede noget vand fra kanalen
et elle versa l'eau sur sa tête
og hun hældte Vandet over hans Hoved
la bête ouvrit les yeux et parla à Belle
udyret åbnede sine øjne og talte til skønheden
« **Tu as oublié ta promesse** »
"Du har glemt dit løfte"
« **J'étais tellement navrée de t'avoir perdu** »
"Jeg var så knust at have mistet dig"
« **J'ai décidé de me laisser mourir de faim** »
"Jeg besluttede at sulte mig selv"
"**mais j'ai le bonheur de te revoir une fois de plus**"
"men jeg har den lykke at se dig igen"
"**j'ai donc le plaisir de mourir satisfait**"
"så jeg har fornøjelsen af at dø tilfreds"
« **Non, chère bête** », dit Belle, « **tu ne dois pas mourir** »
"Nej, kære dyr," sagde skønhed, "du må ikke dø"
« **Vis pour être mon mari** »
"Leve for at være min mand"
"**à partir de maintenant je te donne ma main**"

"fra dette øjeblik giver jeg dig min hånd"
"et je jure de n'être que le tien"
"og jeg sværger ikke at være andet end din"
« Hélas ! Je pensais n'avoir que de l'amitié pour toi »
"Ak! Jeg troede, jeg kun havde et venskab til dig"
« mais la douleur que je ressens maintenant m'en convainc » ;
"men den sorg, jeg nu føler, overbeviser mig;
"Je ne peux pas vivre sans toi"
"Jeg kan ikke leve uden dig"
Belle avait à peine prononcé ces mots lorsqu'elle vit une lumière
skønhed havde knap sagt disse ord, da hun så et lys
le palais scintillait de lumière
paladset funklede af lys
des feux d'artifice ont illuminé le ciel
fyrværkeri lyste himlen op
et l'air rempli de musique
og luften fyldt med musik
tout annonçait un grand événement
alt gav besked om en stor begivenhed
mais rien ne pouvait retenir son attention
men intet kunne holde hendes opmærksomhed
elle s'est tournée vers sa chère bête
hun vendte sig mod sit kære udyr
la bête pour laquelle elle tremblait de peur
dyret , for hvem hun skælvede af frygt
mais sa surprise fut grande face à ce qu'elle vit !
men hendes overraskelse var stor over, hvad hun så!
la bête avait disparu
udyret var forsvundet
Au lieu de cela, elle a vu le plus beau prince
i stedet så hun den dejligste prins
elle avait mis fin au sort
hun havde sat en stopper for fortryllelsen
un sort sous lequel il ressemblait à une bête

en besværgelse, hvorunder han lignede et udyr
ce prince était digne de toute son attention
denne prins var al hendes opmærksomhed værdig
mais elle ne pouvait s'empêcher de demander où était la bête
men hun kunde ikke lade være med at spørge, hvor udyret var
« **Vous le voyez à vos pieds** », **dit le prince**
"Du ser ham for dine fødder," sagde prinsen
« **Une méchante fée m'avait condamné** »
"En ond fe havde fordømt mig"
« **Je devais rester dans cette forme jusqu'à ce qu'une belle princesse accepte de m'épouser** »
"Jeg skulle forblive i den form, indtil en smuk prinsesse sagde ja til at gifte sig med mig"
"la fée a caché ma compréhension"
"feen skjulte min forståelse"
« **tu étais le seul assez généreux pour être charmé par la bonté de mon caractère** »
"du var den eneste generøs nok til at blive charmeret af mit temperament"
Belle était agréablement surprise
skønhed blev glad overrasket
et elle donna sa main au charmant prince
og hun gav den charmerende prins sin hånd
ils sont allés ensemble au château
de gik sammen ind i slottet
et Belle fut ravie de retrouver son père au château
og skønheden glædede sig over at finde sin far på slottet
et toute sa famille était là aussi
og hele hendes familie var der også
même la belle dame qui lui était apparue dans son rêve était là
selv den smukke dame, der dukkede op i hendes drøm, var der
"Belle", dit la dame du rêve
"skønhed," sagde damen fra drømmen

« viens et reçois ta récompense »
"kom og modtag din belønning"
« Vous avez préféré la vertu à l'esprit ou à l'apparence »
"du har foretrukket dyd frem for vid eller udseende"
"et tu mérites quelqu'un chez qui ces qualités sont réunies"
"og du fortjener nogen, i hvem disse kvaliteter er forenet"
"tu vas être une grande reine"
"du bliver en stor dronning"
« J'espère que le trône ne diminuera pas votre vertu »
"Jeg håber, at tronen ikke vil mindske din dyd"
puis la fée se tourna vers les deux sœurs
så vendte feen sig mod de to søstre
« J'ai vu à l'intérieur de vos cœurs »
"Jeg har set i jeres hjerter"
"et je connais toute la méchanceté que contiennent vos cœurs"
"og jeg kender al den ondskab dine hjerter indeholder"
« Vous deux deviendrez des statues »
"I to bliver til statuer"
"mais vous garderez votre esprit"
"men du vil holde dit sind"
« Tu te tiendras aux portes du palais de ta sœur »
"du skal stå ved porten til din søsters palads"
"Le bonheur de ta sœur sera ta punition"
"din søsters lykke skal være din straf"
« vous ne pourrez pas revenir à vos anciens états »
"du vil ikke være i stand til at vende tilbage til dine tidligere stater"
« à moins que vous n'admettiez tous les deux vos fautes »
"medmindre I begge indrømmer jeres fejl"
"mais je prévois que vous resterez toujours des statues"
"men jeg er forudset, at I altid vil forblive statuer"
« L'orgueil, la colère, la gourmandise et l'oisiveté sont parfois vaincus »
"Stolthed, vrede, frådseri og slediggang bliver nogle gange overvundet"

" mais la conversion des esprits envieux et malveillants sont des miracles "
" men omvendelse af misundelige og ondsindede sind er mirakler"
immédiatement la fée donna un coup de baguette
straks gav feen et slag med sin tryllestav
et en un instant tous ceux qui étaient dans la salle furent transportés
og i et øjeblik blev alle, der var i salen, transporteret
ils étaient entrés dans les domaines du prince
de var gået ind i fyrstens herredømme
les sujets du prince l'ont reçu avec joie
prinsens undersåtter tog imod ham med glæde
le prêtre a épousé Belle et la bête
præsten giftede sig med skønheden og udyret
et il a vécu avec elle de nombreuses années
og han boede hos hende i mange år
et leur bonheur était complet
og deres lykke var fuldstændig
parce que leur bonheur était fondé sur la vertu
fordi deres lykke var baseret på dyd

La fin
Slutningen

www.tranzlaty.com

www.ingramcontent.com/pod-product-compliance
Lightning Source LLC
Chambersburg PA
CBHW011557070526
44585CB00023B/2635